LA FRANCE EN 1834,

ou

APPEL AU PATRIOTISME

DE TOUS LES PARTIS.

LA FRANCE EN 1834,

OU

APPEL AU PATRIOTISME

DE TOUS LES PARTIS;

Par M. D∴ S∴ G∴,

ANCIEN OFFICIER, MEMBRE DE LA LÉGION D'HONNEUR.

> Je suis Français, mon pays avant tout.
> (BERANGER).

A MONTPELLIER,

CHEZ PATRAS, LIBRAIRE, RUE DU GOUVERNEMENT.

AVRIL 1834.

MONTPELLIER, TYPOGRAPHIE DE M.ᵐᵉ V.ᵉ PICOT.

INTRODUCTION.

JE n'ai point cherché dans cet opuscule à parler à l'esprit, c'est au cœur seulement que je me suis adressé ; c'est au nom de la Patrie que je fais un appel aux opinions, et je suis certain d'être compris, puisque je parle à des Français. On ne trouvera dans ces réflexions, ni l'élégance du style, ni la sublimité des idées. Écrivant pour toutes les classes de la société, j'ai dû employer les expressions les plus simples et les plus naturelles. D'ailleurs, tout-à-fait novice dans l'art de peindre ma pensée, je n'ai pris la plume que par amour pour mon pays, et c'est en faveur de ce motif que je réclame l'indulgence du Lecteur.

Je commencerai par déclarer que j'honore toutes les opinions, même en les combattant, quand elles sont le fruit d'une intime conviction ; je pense encore que, dans la société privée, on doit faire abstraction totale de l'opinion, et ne voir que la personne : j'ai vécu long-temps avec des légitimistes dans la plus grande intimité, les amis de mon enfance sont dans les rangs républicains. Faut-il donc pour cela que je fuie les uns et repousse les autres ? Non, je dois professer en public et défendre le principe que je crois le plus favorable au bonheur de ma Patrie ; mais dans la vie privée, religion, sectes, opinions, ne doivent point, à mon avis, entrer dans la balance ; le caractère social qui sympathisera le plus avec le mien sera mon ami, n'importe ses affections politiques.

La révolution de 1789 me prit au sortir de l'enfance ; j'en ai parcouru lentement toutes les phases, j'en ai subi toutes les conséquences, et mes cheveux blanchis me laissent peu d'espoir de la voir entièrement terminée. Repoussé par la noblesse, comme entaché de démocratie en 1789, chassé des armées républicaines, comme ci-devant noble, en 1793, je m'attachai pendant quinze ans au char glorieux de l'Empire. Proscrit, comme bonapartiste, sous la Restauration ; enfin, oublié par la Révolution de 1830 dont l'accomplissement avait ranimé toutes mes espérances, je n'ai cependant jamais eu qu'une opinion : le bonheur et la gloire de mon pays ; j'ai toujours été du parti de la France. C'est donc dégagé de tout intérêt personnel, libre de toute influence étrangère, que je puis émettre mes sentimens sur la position de ma Patrie, et m'expliquer impartialement sur les maux qui la fatiguent. Puissent mes réflexions, inspirées par une longue expérience et par le patriotisme le plus désintéressé, ramener quelques esprits, calmer quelques exaltations, adoucir les haines, enfin épargner une goutte de sang français ; ma tâche sera remplie !

LA FRANCE EN 1834.

CLASSEMENT DES OPINIONS.

Trois partis se dessinent aujourd'hui bien nettement sur le sol politique de la France : les Légitimistes, les Républicains et les Constitutionnels. Les deux premiers n'avaient encore osé découvrir entièrement leur bannière; mais l'adresse noble et franche de la Chambre des Députés a déchiré le voile qui couvrait encore quelque nudité; chaque parti a été forcé de formuler sa profession de foi, et la France sait à quoi s'en tenir. Les Légitimistes ont mis en avant, dans leurs journaux, une énorme compilation de tous les cahiers des États-généraux, depuis le roi Dagobert jusqu'à la révolution de 89; la République a exhumé la déclaration des droits de l'homme, suivant Marat et Robespierre; les constitutionnels ont demandé l'exécution pleine et entière du code fondamental qui nous régit. Nous savons donc que les Légitimistes désirent nous ramener au bienheureux temps où les rois assemblaient leurs barons en plein air pour délibérer sur les affaires publiques: Heureuse époque où le Clergé, seul possesseur de la

science et de la richesse, était le suprême régulateur de l'État ! Gouvernement sublime, qui nous
offre pour exemple, Louis XI et Charles IX, la Ligue
et la St-Barthelemi, Richelieu et les Dragonnades.
Les Républicains veulent nous faire rétrograder de
trente ans seulement, et nous faire de nouveau
battre monnaie sur la place de la Révolution. Les
Constitutionnels enfin, bornent leur ambition à
l'exécution de la charte de 1830, complétée par
toutes les lois qu'elle nous a promises, toute la
charte et rien que la charte. Ces trois partis se sub-
divisent ensuite en plusieurs nuances, qui, différant
essentiellement entr'elles dans le détail, sont cependant unanimes sur le système de gouvernement.

L'opinion légitimiste se compose, 1° de toutes les
grandeurs déchues que la cour de Charles X faisait
briller de son éclat, gentilshommes, valets de chambre, dames d'honneur, maison des princes, etc.,
et qui sont retombées avec elle dans la plus pro-
fonde obscurité ; 2° de la plus grande partie des
nobles et seigneurs, proscrits ou émigrés pendant
la première révolution, qui prirent part au festin
de l'indemnité, et reçurent grades, décorations et
pensions pour leurs services à l'étranger ; cette
classe est surtout dominée par la crainte que la
France ne se lasse un jour de tant de générosité. A
la suite de cette catégorie riche et puissante, vous
trouverez une grande quantité de prolétaires attachés à son service, et totalement dévoués à ceux

qui contribuent en quelque sorte à les faire exister ; 3° d'une partie des populations de plusieurs départemens du Midi et de l'Ouest, les premières, par une suite naturelle du mouvement qu'imprima le duc d'Angoulême à ces contrées, en 1815, et par la crainte d'une réaction, mais bien plus encore par opposition systématique au culte protestant dont tous les sectateurs sont ici, comme partout, éminemment libéraux. Cette antipathie qui règne depuis des siècles, s'identifiant avec les commotions politiques depuis la révolution, a souvent ensanglanté les départemens du Midi, et spécialement celui du Gard. Les secondes, dans l'Ouest, où chaque famille compte plusieurs victimes de la guerre civile de 1793, suivront toujours l'impulsion qui leur sera donnée par les chefs sous lesquels ils avaient accoutumé de servir à cette désastreuse époque. Cette influence, soutenue par un clergé puissant, gouvernera cette population ignorante et fanatique jusqu'au moment où l'instruction et le commerce viendront arracher le double bandeau qui pèse sur les yeux du Vendéen ; 4° de la majorité de ce clergé remuant et ambitieux, qui s'étant vu, sous la restauration, au moment de ressaisir son omnipotence, n'a effectué qu'à regret l'immense pas rétrograde que la révolution de juillet lui a imposé. Ajoutez à ces quatre classes quelques prolétaires bien payés, quelques libellistes à la solde de l'Étranger, et vous aurez la force totale de ce parti ; je ne comprends point sous cette bannière plusieurs bons Français, attachés à la branche aînée des Bourbons par habitude ou par obligation personnelle, qui les ont vus partir avec peine, mais incapables de troubler l'ordre dans leur patrie, toujours soumis au Gouvernement de fait, et vivant dans la plus tranquille inaction politique.

La seconde opinion, plus rapprochée des mœurs actuelles, est celle du républicanisme. Ardens prosélytes de la liberté, les Républicains, prenant les utopies de leur imagination pour une prochaine réalité, ne voient le bonheur du genre humain que dans la république universelle ; c'est le but vers lequel tendent tous leurs efforts, tandis que ce but semble reculer au moment qu'ils pensent le saisir. Ce parti se compose, 1° des vieux débris des sociétés populaires de 1793, qui ont péniblement gravité sous l'empire et la restauration, et qui manquèrent l'occasion en 1830 ; 2° de la majorité de cette bouillante jeunesse, pleine d'instruction, de talens et de patriotisme, qui peuplant nos Facultés de droit et de médecine et même les principaux magasins du commerce, fait le plus bel ornement de nos cités ; brûlans d'amour pour la liberté, ne doutant nullement de leur triomphe, au moment d'un conflit général, ces jeunes gens désapprouvent la prudence que le Gouvernement actuel a mise dans ses relations avec les puissances étrangères ; ils répudient les actes de ce Gouver-

nement comme déshonorans pour la France , et
veulent à tout prix , épousant les intérêts des op-
primés de tous les pays , conquérir l'Europe une
seconde fois et n'en faire qu'une seule république.
L'ardeur belliqueuse qui les anime ne connaît point
d'obstacles , et ils rongent en frémissant le frein
qui les retient. Derrière eux se cache une troisième
catégorie beaucoup moins honorable, qui sans cesse
les pousse au désordre, et fait tous ses efforts pour
allumer l'incendie ; ce sont les hommes vendus à
tous les partis , perdus d'honneur et de fortune ,
rejetés par la société actuelle, et qui n'ont rien à
perdre , tout au contraire, à gagner dans un bouleversement général , source ordinaire du pillage
et de l'anarchie. Nous comprendrons encore dans
ce parti plusieurs ambitions déçues, et nous lui
donnerons pour auxiliaires ces légions de réfugiés,
qui jusqu'à ce jour ont trouvé chez nous asile et
protection contre le despotisme qui les proscrivit ;
ces honorables martyrs de la liberté, Espagnols,
Italiens , Polonais surtout , poussés par les motifs
les plus touchans , pensent ne pouvoir relever leur
malheureuse patrie qu'au moyen d'une collision
générale, et, par une conséquence naturelle, pous-
sent à ce résultat de tous leurs efforts. Pleins de
confiance dans leur valeur et dans les intelligences
qu'ils espèrent trouver à l'étranger, ils secondent
parfaitement l'exaltation de la jeunesse française.

Le troisième et dernier parti se compose des

masses, qui sont toutes constitutionnelles : notre armée, si éminemment patriotique et intelligente, cette garde nationale citoyenne, qui donna tant de fois des preuves de son dévouement à l'ordre public, le commerce, l'industrie, l'agriculture surtout, formeraient la résistance la plus compacte à toute innovation dans les principes fondamentaux de notre constitution; il existe bien quelques divergences d'opinion dans les détails; mais la monarchie de juillet voit réunis sous sa bannière, juste-milieu, constitutionnels, tiers-parti, bonapartistes, opposition modérée, légitimistes raisonnables, tout enfin, excepté les deux extrémités du cercle politique. Cette masse de vingt-cinq à trente millions de Français, bien décidés à ne plus se précipiter dans l'abîme des révolutions, ne veut et ne demande que la tranquillité, seul moyen de voir fructifier et mûrir les germes de liberté et de bonheur que la France a conquis en 1830, germes qui sont refoulés et frappés de stérilité par le désordre et les émeutes, comme les bienfaits d'une végétation précoce sont détruits par la gelée du printemps.

Il aurait pu exister un quatrième parti, dont la force numérique eût peut-être égalé les trois autres : c'était l'opinion bonapartiste : quatre cent mille baïonnettes dont elle pouvait disposer, toutes les notabilités militaires et civiles, dont le cœur était dévoué au chef de l'empire, toutes les probabilités, enfin, se seraient réunies en faveur de ce systême, qui avait déjà expulsé du sol français la branche aînée des Bourbons, en 1815, sans tirer un coup de fusil. Les espérances de ce parti reposaient exclusivement sur trois hommes : le premier, l'immortel Napoléon, a lentement succombé, à deux mille lieues de sa patrie, sous les barbares traitemens du geolier Hudson Lowe, et durement surveillé par les porte-clefs de la Sainte-Alliance, parmi lesquels nous vîmes avec indignation figurer un général français. Le second, aussi sage que vaillant, le prince Éugène, est mort en Bavière d'un coup de foudre, dont l'origine n'a jamais été bien connue; le troisième, enfin, le fils du grand capitaine, finissait sa courte carrière, prisonnier à la cour de Vienne, au moment de la révolution de juillet. Découragés par ces pertes successives, les nombreux amis de la famille impériale se réunirent spontanément à l'élection du duc d'Orléans, désigné par Napoléon lui-même, comme le seul des Bourbons capable de faire le bonheur du pays; ces hommes, symboles de la fidélité, seront toujours les plus fermes soutiens du trône constitutionnel; ils n'auront point d'arrière-pensée et ne troubleront jamais la tranquillité publique, tant que le Gouvernement qu'ils ont adopté suivra la voie de l'honneur et de la prospérité de la France.

DE L'OPINION LÉGITIMISTE.

On a beaucoup parlé d'une alliance entre les partis légitimistes et républicains; alliance impossible et monstrueuse, qui tendrait à réunir sous la même bannière, l'homme imbu des préjugés d'une vieille aristocratie, avec le champion de l'égalité poussée à son dernier période : le principe de la royauté absolue, avec le dogme de la souveraineté du peuple; enfin, l'esclave fanatique de la congrégation religieuse, avec les partisans de l'athéisme et de la déesse *Raison*. Ces élémens hétérogènes ne pourraient exister ensemble sans amener bientôt une explosion terrible, qui les détruirait les uns par les autres. Mais si cette alliance n'est qu'un rêve sans réalité, il n'en est pas moins certain que les deux partis réunissent leurs efforts contre le pouvoir, qui forme un obstacle à leurs projets, et attaquent l'ennemi commun par les mêmes moyens; en effet, la *Gazette* et la *Tribune*, la *Quotidienne* et le *Bon Sens* demandent le redressement des mêmes griefs, sollicitent les mêmes concessions : *vote général, liberté illimitée de la presse, abolition de tout serment et de toute condition d'éligibilité dans tous les degrés;* telles sont les déclamations journalières des organes des deux opinions; mais il n'est personne d'assez peu clairvoyant pour ne pas apercevoir, à travers cette tactique machiavélique, le but où tendent deux partis diamétralement opposés, et qui paraissent manœuvrer de concert.

Les Légitimistes, fatigués de trois ans de déceptions, ont enfin reconnu que toute restauration était impossible en France, à moins d'employer les même élémens qu'en 1814. En vain a-t-on renouvelé dans le cœur de chaque souverain les terreurs de la propagande; en vain a-t-on frappé à toutes les portes que la pitié pouvait émouvoir, tous les Cabinets ont été sourds : nulle puissance n'a voulu risquer sa vie politique pour se faire le Don Quichotte d'une légitimité trois fois renversée. Un seul moyen reste encore possible pour amener une collision générale, ce serait celui d'un mouvement violent parmi les Français, assez puissant pour renverser le trône de Juillet et lui substituer la République avec sa propagande et son drapeau sanglant. Alors plus d'hésitation. Tous les Souverains menacés à la fois, absolus ou constitutionnels, n'importe, se lèveraient en masse contre l'hydre qui pourrait un jour les dévorer. La guerre embraserait de nouveau toute l'Europe, et malgré la valeur et le patriotisme de nos concitoyens, les légitimistes pensent que le nombre l'emporterait et qu'Henri V viendrait un jour régner sur des cadavres. Serait-ce à un tel prix que des Français désireraient le triomphe de leur opinion? Serait-ce dans des flots du sang de vos concitoyens que vous planteriez le drapeau sans tache? Vous pourriez recevoir comme vos libérateurs, le Houlan couvert du sang de vos frères et le Cosaque ivre de viol et de carnage! Mais non, vous frémissez à ce tableau dont vous n'aviez certainement pas envisagé toute l'horreur, et vous repousserez les intrigans qui cherchent à vous entraîner dans une route où vous attendrait en perspective la mort ou l'ignominie! Savez-vous le sort que vous éprouveriez avant le dénouement de cette terrible catastrophe? Avez-vous oublié la foudroyante devise des républicains poussés au désespoir : *En volant aux combats, ne laissons point d'ennemis derrière nous.* Cet arrêt ne deviendrait-il pas celui de votre mort?

Votre retour subit aux principes du libéralisme le plus exalté, peut-il vous avoir donné parmi les amis de la liberté, une position assez solide pour vous rassurer sur les dangers auxquels vous allez vous exposer? Croyez-vous qu'on ait oublié votre langage de quinze années, et qu'on entende sans étonnement la même bouche qui, lors de l'adresse des **221** à Charles X, ne trouvait pas de terme assez fort pour flétrir cette honorable opposition, venir aujourd'hui réclamer les assemblées primaires et le vote général? Pensez-vous que la même plume qui écrivait en 1830 : *Une poignée de factieux et d'insensés ont osé tenir ce langage, dans son palais, au fils d'Henri IV et de Louis XIV,* puisse obtenir une grande confiance, quand, trois ans après, elle dépassera les feuilles républicaines dans leurs demandes exagérées? Mais le bout d'oreille perce toujours, le masque se trahit à chaque instant. Vous demandez le vote général au nom de la souveraineté du Peuple, mais vous frémissez à l'approche de la constitution espagnole, et vous soutenez que le pays ne peut être heureux que sous la domination absolue de l'inquisition et du bienheureux Don Carlos; vous demandez au Roi des Français l'abolition de tout cens électoral et la liberté illimitée de la presse, lorsque vous nous donnez chaque jour le tigre Don Miguel, bourreau de sa famille et de son pays, comme le modèle des souverains; vous jetez les hauts-cris sur l'exécution de deux Vendéens dont la vie était pavée d'assassinats, et vous n'avez aucune larme à donner à leurs victimes, à cette foule de patriotes, parqués chez eux et livrés à la mort la plus cruelle par les prétendus défenseurs d'Henri V! Ah, Messieurs! chacun son métier; nous vous offrons paix, amitié et union parfaite; nous ne voulons ni vengeances, ni réactions; mais n'ayant pu allumer la guerre civile au nom des Bourbons, cessez d'en attiser les élémens en vous masquant en démagogues.

Mais, supposons pour un moment que votre vœu fût exaucé, que des élections générales, au premier ou second degré, n'importe, nous amenassent une chambre de députés républicains ou légitimistes; supposons encore que cette chambre, en vertu de la souveraineté du peuple, qui, suivant vous, peut défaire ce qu'elle a fait, voulût remettre en question le système qui nous régit et en changer les bases, pensez-vous que le retour à la branche aînée fût pris en considération par la majorité? Je suis certain que vous n'en avez pas la prétention; serait-ce en Auvergne, en Dauphiné, dans les départemens de l'Est ou du Nord, que vous auriez obtenu un seul député? Les chercheriez-vous dans les départemens du centre, ou parmi cette population parisienne, qui éleva dans les journées de juillet une barrière éternelle entre la capitale et la famille de Charles X? Non, vous seriez forcés d'abandonner les trois quarts de la France aux républicains, et de borner votre ambition à cinq ou six départemens de l'ouest, et à quelques parties de ceux du Midi. Qu'arriverait-il alors d'une chambre composée de semblables élé-mens? Que la république serait proclamée avec toutes ses conséquences, et que le danger devenant imminent, vous seriez les premières victimes qu'elle immolerait à sa sûreté. L'époque fatale des massacres de septembre ne peut s'être déjà effacée de votre mémoire; alors aussi, nos républicains, en volant aux frontières, ne voulaient point laisser d'ennemis derrière eux.

Vous surtout, membres de l'ancienne noblesse, qui composez les sommités de cette opinion, et dont la main puissante est le régulateur d'une foule de prolétaires qui sont sous votre dépendance; vous qu'un excès d'honorable fidélité fit errer pendant vingt-cinq ans de royaume en royaume, et qui n'avez retrouvé le port que par le plus étonnant des hasards, êtes-vous déjà fatigués de votre paisible tranquillité, et voulez-vous perdre de nouveau ce que la magnanimité de la France vous a rendu? Croyez-vous que la république, courant aux armes, vous laisserait jouir en paix du milliard d'indemnité? Croyez-vous que vos nouvelles richesses n'entraîneraient pas votre perte, tout comme celles que vous possédiez sous Louis XVI? La seule différence entre les deux époques, c'est qu'en 1792, vous aviez soustrait vos têtes à l'échafaud, et qu'aujourd'hui vous seriez exposés à perdre corps et biens. Je vous conjure d'y faire de sérieuses réflexions, le calme vous le permet, l'atmosphère est encore pure et sereine; mais l'horizon est chargé d'épais nuages; ne cherchez donc point à soulever la tempête, elle serait terrible, et votre vaisseau, nouvellement amarré à des anneaux qui ne tiennent encore que faiblement au sol, chasserait sur ses ancres au premier coup de vent. Songez à ce que vous avez souffert pendant la grande révolution, et ne vous exposez point de nouveau à la violence de l'ouragan; jetez les yeux sur ce qui vous entoure, sur ces familles chères à vos cœurs, dont la destinée deviendrait un problême, sur ces propriétés magnifiques que vous vous plaisez à embellir chaque jour, qui font le bonheur de votre existence, et qui, dans peu de temps, peut-être, passeraient en d'autres mains, ou ne présenteraient plus que des ruines au voyageur épouvanté.

Me sera-t-il permis d'aborder la même question vis-à-vis du clergé! Oserai-je dire aux membres d'un ordre honorable et respecté : Vous, Ministres d'un Dieu de paix, dont la bouche ne devrait jamais s'ouvrir que pour prêcher l'union et la charité, que penseriez-vous gagner au bouleversement de nos institutions? Avez-vous donc oublié l'église des Carmes? Êtes-vous curieux d'obtenir de nouveau la palme du martyre? Proscrits, persécutés, chassés de vos temples, traqués à chaque pas comme des bêtes fauves, vous avez passé les jours de l'orage sur le cratère du volcan; le sang du plus grand nombre a rougi le sol qui les avait vus naître; ceux d'entre vous qui ont eu le bonheur de survivre à cette affreuse persécution, doivent se rappeler les tourmens qu'ils ont endurés; heureux, mille fois heureux, qu'une main ferme et puissante vînt fermer la barrière du crime, vous permettre de quitter les antres sauvages ou les profonds souterrains qui vous dérobaient à la fureur de vos bourreaux, et rouvrir les temples dévastés par le vandalisme le plus barbare. Ces jours de désolation ne sont pas encore bien éloignés, et à peine avez-vous eu le temps de repeupler le sanctuaire, qu'une nouvelle tourmente s'est soulevée: cette fois-ci du moins, grâce à de puissantes volontés, votre existence n'a point été menacée; le culte est protégé, payé, respecté, et cependant plusieurs d'entre vous abusent de leur influence sur la population pour exciter de nouveaux troubles. Ministres des autels, invoquez l'éternel créateur en faveur de tous les hommes ; prêchez l'obéissance aux lois, la tolérance de toutes les opinions, l'union parfaite entre toutes les classes de Français, la charité et l'amour du prochain, voilà votre mission : elle est, certes, assez belle, et seule peut vous conduire au bonheur et vous entourer de la plus haute considération ; hors de là vous ne trouverez que dangers pour l'Église en général et pour ses Ministres en particulier ; les esprits sont trop échauffés, les plaies trop fraîches pour les irriter : une étincelle pourrait allumer un immense incendie, et votre intérêt, comme votre devoir, exige votre coopération pour en prévenir l'explosion.

Les journaux légitimistes présentent la France comme gémissant sous le poids du despotisme ; à les entendre, on dirait que toutes nos libertés sont foulées aux pieds, que le bon plaisir se joue des lois et des propriétés ; que penserait l'Étranger qui jugerait de notre patrie d'après ces véridiques historiens ? Il redouterait de mettre le pied sur un sol aussi dangereux, et nos frontières seraient pour lui les colonnes d'Hercule. Cependant à quelle époque a-t-on joui de plus de libertés ? A quel moment la presse a-t-elle plus abusé du droit de tout dire et de tout imprimer ? Est-ce lorsqu'un

seul mot équivoque, une seule chanson en l'honneur du grand capitaine, vous conduisait au bagne
ou en prison ? Sous quel gouvernement a-t-on
poussé la tolérance jusqu'à libérer en masse des
centaines de coupables , pris les armes à la main
en pleine révolte contre le pouvoir ? Est-ce lorsque,
sur des provocations bien avérées , on fusillait les
Berton , les Caron , les Faucher , etc. , pour avoir
témoigné leur attachement à Napoléon ? Est-ce
lorsque le sang des Ney , des Mouton-Duvernet ,
des Labédoyère était offert en holocauste aux Russes
et aux Prussiens ? Sous quel régime enfin , a-t-on
osé publier les calomnies les plus atroces contre le
chef de l'État , livrer à la haine et au mépris ceux
qu'il a chargés de l'exécution des lois qui nous ré-
gissent , dont plusieurs ont cependant donné des
gages certains à la révolution française , que l'un
d'eux justifie dans un ouvrage plein de talent , et
publié dans un moment où cette hardiesse n'était
pas sans danger? Ne voyons-nous pas tous les jours,
même devant les tribunaux , provoquer le renver-
sement de notre constitution , et le tout impuné-
ment! Est-il un tyran bien redoutable, ce roi qui voit
et entend publier sous ses yeux les carricatures les
plus offensantes et les pamphlets les plus séditieux,
sans y faire la moindre attention ? Est-il bien sévère,
le souverain qui continue à payer des pensions à
ceux qui se battent contre lui et attisent la guerre
civile dans ses états? Non, la révolution de juillet

est vierge de sang versé pour délits politiques , et si les émeutes ont ensanglanté nos pavés , chacun sait quels furent les agresseurs ; il est temps que ces funestes collisions aient un terme , et comme je vous l'ai dit , la France est lasse du désordre ; aucune opinion ne peut désormais allumer les brandons d'une guerre civile un peu sérieuse : tous les efforts d'une princesse aventureuse , dont la seule présence devait faire l'effet de la tête de Méduse , n'ont pu lui assurer un asile de huit jours ; en vain elle a parcouru tout le Midi , pas un bras ne s'est levé pour la défendre ; parvenue à réunir quelques paysans égarés , dans la Vendée , cette courte parade n'a abouti qu'à rougir de leur sang pendant quelques jours le sol de ces malheureuses contrées; et si le sien n'a pas coulé sous le glaive de la loi , vous savez à qui elle le doit ; que lui serait-il arrivé sous la république ?

En résumé, ceux qui se sont donné le nom de légitimistes doivent se résigner en attendant des circonstances plus opportunes ; ils n'ont pu défendre leurs idoles pendant les trois journées , et malgré la force colossale de ce parti qui , suivant la *Gazette*, réunit la grande majorité des Français, une trinité de rois a été expulsée par une seule ville du royaume qu'elle gouvernait; elle a voyagé lentement de Rambouillet à Cherbourg à travers les populations de l'Ouest, sans avoir trouvé un seul défenseur ; la faible escorte qui l'accompagnait était bien plutôt chargée de la défendre contre l'indignation publique, que de l'empêcher d'être secourue par ses amis. Aujourd'hui il est trop tard : si les milliers de bras qui agitent la plume en faveur de la famille déchue, avaient saisi le glaive pour sa défense aux jours du danger, on aurait pu compter les forces; mais en ce moment, malheur aux voix qui se seraient élevées contre le vœu national, la colère du peuple en aurait fait prompte justice.

Ainsi, puisqu'il n'est plus possible de rêver une troisième restauration dans les circonstances présentes, sans une transition républicaine qui vous engloutirait avant que vos espérances pussent se réaliser, acceptez franchement la position qui vous est présentée, et dont, certes, vous n'avez pas à vous plaindre, puisque chaque jour on reproche au Gouvernement de vous accabler de déférences; contribuez au bonheur de cette patrie que vous aimez aussi, puisque vous êtes Français; renfermez dans vos cœurs toute démonstration hostile aux lois existantes, et nous nous ferons un vrai plaisir de ne voir en vous que des frères; nous étendrons à votre conduite politique l'estime dont nous vous honorons déjà comme hommes privés, et bientôt vous verrez renaître partout la confiance et le bonheur bannis depuis si long-temps de nos belles provinces.

DE L'OPINION RÉPUBLICAINE.

Et vous, jeunesse aimable et brillante, vous l'unique espérance d'une patrie dont vos destinées vous appellent un jour à être les régulateurs, quelle déplorable illusion vous fait user un avenir précieux, dans les plus inutiles comme les plus intempestives manifestations? Quelle lubie de républicanisme mal entendu vous pousse à troubler l'ordre public et à jeter une inquiétude vague dans la société, qui s'enorgueillissait de vous élever dans son sein? Vos études ne peuvent que beaucoup souffrir de cette préoccupation morale qui vous poursuit jusque sur les bancs de l'académie, et votre jeunesse se consume à discuter d'impraticables théories.

Vos aînés et plusieurs d'entre vous ont activement coopéré au dénouement de la révolution de Juillet, et tous ensemble ont salué d'acclamations le Roi des Barricades; d'où vient que, trois ans après, vous reniez votre ouvrage? Contre qui s'étaient élevées ces barricades? Contre un gouvernement qui mettait sa volonté à la place de la loi et voulait régner par le bon plaisir; je ne crois pas qu'on puisse faire le même reproche au régime actuel. D'ailleurs la comparaison ne peut s'établir entre un Roi imposé par des baïonnettes étrangères teintes du sang français, et le Prince choisi par le Peuple et qui

n'est monté sur le trône que par la volonté nationale généralement manifestée. Pourquoi donc le
poursuivre de vos outrages? Pourquoi vous pro-
noncez-vous aujourd'hui avec fureur pour le système
républicain, que personne n'osa soutenir le 31 juillet,
lorsqu'on le pouvait sans crime? Tout le monde
sentit alors que la proclamation de ce système aurait fait éclater au même instant, la guerre civile
et la guerre étrangère. Tous les députés de l'opposition, *sans exception*, se réunirent aux constitutionnels pour couronner le duc d'Orléans, *quoique
Bourbon*, comme ayant donné des gages irrécusables
à la Révolution, et surtout comme étant le seul homme
qui pût épargner à la France les horreurs et les dangers
d'une guerre longue et sanglante : ce choix fut uni-
versellement approuvé, et d'unanimes félicitations
se multiplièrent sur tous les points de ce royaume.

Avant de sacrifier une précieuse existence en
faveur d'une opinion, il est prudent d'en calculer
avec calme les diverses chances de succès. Aussi,
suis-je certain qu'avec un peu de réflexion vous
seriez facilement convaincus que, nouveaux Ixions,
vous poursuivez un fantôme, en cherchant à répu-
blicaniser la France en ce moment. Premièrement,
ce système n'est point en harmonie avec nos mœurs.
Le luxe de nos cités, l'opulence de nos modernes
Lucullus, les besoins que nous nous sommes créés;
enfin la légèreté spirituelle de nos Français, sont
antipathiques avec l'austérité républicaine. Vous

trouveriez dans toutes les masses, une force d'inertie qui déconcerterait vos projets à leur naissance. En effet, sur quelle classe de la société pourriez-vous vous appuyer? Serait-ce sur les grands propriétaires, dont votre système dérangerait la voluptueuse indolence et leur offrirait en perspective le pillage et la mort? Vous adresseriez-vous à l'immense famille du commerce, qui ne fleurit que par la paix, et dont votre première démonstration annullerait l'existence sur tous les points du royaume au même instant? Compteriez-vous sur la bourgeoisie, aristocratie des petits propriétaires et des rentiers contre qui vous avez déjà lancé l'anathême? Le paisible agriculteur, qui n'a point oublié les levées en masse de **95**, tremblerait pour ses enfans et verrait déjà ses champs incultes et abandonnés; les créanciers et les pensionnaires de l'État craindraient avec raison de voir fondre en vos mains le gage qui assure leur existence; le prêtre fuirait devant votre armée révolutionnaire, et les gardes nationales, ce boulevard de la patrie, composées de toutes les classes que nous venons de désigner, vous fermeraient les portes des cités. L'armée, essentiellement obéissante et dévouée, croiserait à regret ses baïonnettes contre des Français; mais jamais elle ne transigerait avec son devoir.

Quelle serait donc la force de ce parti, réduite à sa plus juste expression et déduction faite de la majorité des partisans de cette opinion, qui font beaucoup de bruit aux théâtres et dans les rues, mais qui rejoindraient leur duvet au moment du danger? Pensez-vous que tous ces jeunes gens, riches, enfans gâtés, qui chantent la *carmagnole* et le *ça ira* pour faire enrager la police, abandonnant au premier signal, parens et propriétés, iront exposer leur vie pour un principe sur lequel ils n'ont jamais réfléchi? Non, Messieurs, la moitié de cette jeunesse, au moment du désordre, rentrerait à la hâte chez ses parens, et si elle prenait les armes, ce serait pour défendre sa propriété.

Il vous resterait donc une partie de ces jeunes gens, braves, ardens, mais sans expérience; plus, quelques miliers de réfugiés, disséminés sur toute la surface de la France, et que vous auriez de la peine à rallier; ajoutez encore quelques ouvriers sans travail et une foule de gens sans aveu, sans ressource, auxiliaires assurés de toute insurrection qui pourra les conduire au pillage et à l'anarchie, et vous aurez le chiffre total des forces disponibles; sans chef en qui le Peuple pût avoir confiance, sans notabilité militaire qui sût organiser seulement un régiment, et surtout sans argent pour payer, nourrir, armer la tourbe indisciplinée qu'on aurait pu réunir.

Il ne peut exister de comparaison entre la position de la république de 1793 et celle que vous voulez nous improviser; deux principaux mobiles soutinrent la première lutte: l'enthousiasme qui

créait des armées par enchantement, et la planche
aux assignats qui servait à les nourrir et à les appro-
visionner ; quatre milliards de biens nationaux se
fondirent entre les mains du comité de salut public,
et malgré ces immenses moyens, ce régime n'aurait
pu se soutenir deux ans, sans l'appui de la terreur
qui paralysait tout mouvement de réaction. Qu'a-
vez-vous aujourd'hui de tout cela ? L'enthousiasme,
qu'on aurait peut-être réussi à utiliser après les
trois journées, est entièrement refroidi, les biens
du clergé ne peuvent plus offrir de ressources, la
noblesse ne veut pas émigrer, et la France n'est
plus d'humeur à se laisser terroriser; ainsi, tout
vous manque à la fois pour asseoir les élémens.
d'un succès probable ; les arsenaux vous sont fer-
més, les régimens, commandés par des officiers
blanchis sous les drapeaux, repousseront toute
intelligence avec les perturbateurs du repos public,
quelle que soit leur couleur, et tous les plus petits
mouvemens d'insurrection seront réprimés avant
d'avoir pu se concerter et se réunir. Ces mouvemens partiels ne sont jamais dangereux pour le
pouvoir, mais ne laissent pas de faire toujours
des victimes. Vous demeurerez donc convaincus de
l'impuissance du parti républicain pour faire une
révolution dans ce moment; cette opinion n'a pas
de sympathie en France, et les essais malheureux
qui ont été tentés jusqu'à ce jour prouvent l'évi-
dence de mon assertion; les journées de juin déci-

dèrent de son sort, et depuis cette époque, toutes les tentatives isolées qui se sont succédé de loin en loin ont toujours diminué d'intensité. Que les amis de la tranquillité gémissent sur ces fatales expériences, toujours affligeantes pour l'humanité, mais qu'ils se rassurent sur les résultats, toujours nuisibles aux agresseurs.

Mais faisons plus : supposons pour un instant qu'un mouvement universel, spontané, surgissant à la fois de tous les points de la France, neutralise les prévisions du pouvoir, que cette insurrection ait des intelligences dans les chambres et surtout dans l'armée, que l'opinion républicaine enfin se rende maîtresse de Paris et disperse les débris du trône constitutionnel, ce parti sera-t-il beaucoup plus avancé? A peine aura-t-il saisi les rênes du gouvernement, que la division se mettra parmi les vainqueurs : les légitimistes qui auront coopéré à la destruction du trône de Juillet, demanderont Henri V et la restauration; les ultrarépublicains auront bientôt dépassé toutes les barrières, et les noms les plus chers aujourd'hui à ce parti, ces hommes à qui nous voyons offrir de glorieuses ovations, seront livrés demain à l'exécration publique. L'imminence d'une guerre générale inévitable ramènera forcément les levées en masse, les réquisitions, la disette et la terreur! En vain alors, jeunes libéraux, essayeriez-vous d'arrêter le cours de tant de maux, vous seriez dépassés et victimes du lion populaire que vous auriez démuselé: rappelez-vous le sort du jeune *Barnave* et des infortunés Girondins ; avez-vous oublié la fin tragique de l'aimable *Fabre d'Églantine* et de l'intéressant *Camille Desmoulins ?* Eux aussi étaient républicains; eux aussi, dupes d'une dangereuse utopie, avaient brisé le trône de Louis XVI pour établir le gouvernement démocratique ; hélas! ils payèrent de leur sang cette fatale erreur, et nous vîmes bientôt le directeur des massacres de septembre, le farouche *Danton*, monter à l'échafaud convaincu de modérantisme. Faut-il vous citer encore le plus grand des apôtres de la liberté, l'homme des révolutions dans les deux hémisphères; eh bien! l'immortel *Lafayette*, déclaré traître à la patrie par les Jacobins, n'a sauvé sa tête qu'en allant l'offrir aux fers de l'étranger.

Pensez-vous donc, jeunesse imprudente, vous qui ne voulez ni le sang ni le pillage, vous qui ne voyez dans la république qu'un gouvernement libre et généreux; pensez-vous, dis-je, que vous ne seriez pas les premières victimes du pouvoir populaire; vos parens, que vous aimez et respectez, ne survivraient au désespoir que votre conduite leur occasionerait, que pour voir saccager leurs propriétés et la faux homicide planer sur leur tête à chaque instant; il surgirait de l'ébullition révolutionnaire, une foule d'hommes obscurs qui primeraient bientôt par l'exaltation de leurs principes;

de nouveaux Marats, de modernes Santerres se partageraient le pouvoir, et nous aurions la douce perspective de l'égalité Robespierrienne et de la loi agraire de Gracchus Babœuf. Est-ce bien là votre but, jeunesse laborieuse et savante? Sont-ce là les bienfaits dont vous voulez doter votre patrie? Anarchie complète, partage des propriétés, le sang français versé par torrens à l'intérieur comme à l'extérieur; plus d'amis, plus de parens! Alors vous pourriez vous écrier avec Cassius :

> Un vrai républicain n'a pour père et pour fils,
> Que les vertus, les lois, les dieux et son pays.

Supposons encore que votre république puisse établir une espèce de gouvernement, que des comités remplacent les divers ministres, et que celui de la guerre soit parvenu à organiser un corps d'armée; pensez-vous trouver quelque militaire un peu connu qui veuille en prendre le commandement? Croyez-vous que nos généraux aient oublié le sort réservé à tous les commandans des armées républicaines? *Lukner, Rochambeau, Custines, Homhard, Biron, Beauharnais* et tant d'autres, ont payé de leur tête ce fatal honneur; *Montesquiou, Lafayette, Dumouriez* n'ont évité la mort qu'en passant à l'étranger, et *Kellermann*, traduit au tribunal de la révolution, n'a dû son salut qu'à la fermeté de Napoléon. Après de tels exemples, vous ne serez point surpris que nos vieux guerriers refusent le dangereux avantage de diriger vos armes. D'ailleurs, tous nos ducs, comtes et barons de l'empire, dépouillés tout à coup de ces prestiges glorieux qui leur furent décernés par l'Homme des victoires, pour prix de leur sang versé dans cent combats, se verraient contraints de troquer ces hochets contre un bonnet rouge! Heureux encore, si quelque décret de proscription ne venait pas aggraver le sort de l'aristocratie impériale.

Dans cette position supposée, le *nec plus ultrà* de votre ambition, je ne vois que dangers et malheurs pour la patrie; tous les intérêts froissés, toutes les classes de la société menacées dans leur fortune et dans leur existence ; opposition dans tous les rangs, ruine totale du commerce, annullation du crédit et des fonds publics, confusion des pouvoirs, division, rivalité entre les principaux chefs de l'insurrection, guerre civile instantanée sur tous les points de la France, et coalition universelle à l'étranger: voilà le tableau le moins sombre que nous puissions tracer de cette position; et c'est à ce prix que des Français voudraient faire triompher leur opinion? C'est en bouleversant jusqu'au fondement de la société, qu'ils promettraient le bonheur à leur patrie? Non, les sentimens généreux qui attachent cette jeunesse à son pays et à ses parens, ne peuvent être entièrement étouffés par les théories politiques; ils se rappelleront que loin de répandre le trouble et la désolation dans la grande famille des Français, ils doivent au contraire apporter à la société le tribut de leur dévouement et de leur instruction ; appelés bientôt à participer à l'action gouvernementale, ce sera le moment alors d'élever la voix à la tribune et de proposer toutes les améliorations qu'ils jugeront utiles à leur pays.

Quant à vous, ouvriers de toutes les industries ; vous, paisibles agriculteurs, classe intéressante et laborieuse, d'où vient que vous quittez la bêche et le métier pour aller faire de la politique dans les carrefours ? D'où vient que vous ne rapportez à vos enfans, pour leur souper, que quelques fragmens décousus d'un superbe discours auquel vous n'avez rien compris ? On vous flatte d'une parfaite égalité, on vous promet le partage des terres, on va vous donner le titre de propriétaire, et le droit de voter à l'assemblée primaire ; voilà les hochets dont on vous amuse et pour lesquels, semblables au chien de La Fontaine, vous quittez une position aisée et solide, pour courir après un avenir pavé de dangers. La parfaite égalité dont on vous berce depuis long-temps n'est que devant la loi ; celle des fortunes est une chimère qui ne saurait exister vingt-quatre heures. En effet, partagez toutes les propriétés par égales portions, mettez tous les habitans d'un État au même niveau, sans distinction ni privilége, demain le dissipateur vendra sa portion ; après-demain, le joueur, le débauché, etc., et l'année suivante, vous aurez l'aristocratie des riches, l'aris-

tocratie du commerce et de l'industrie, et la classe
la plus nombreuse se trouvera de nouveau réduite
à travailler pour les autres. Voulez-vous être heureux, estimables ouvriers, contribuez de tous vos
efforts au maintien de la paix et de la tranquillité.
Repoussez toutes les perfides insinuations qui ten-
draient à vous arracher de vos ateliers. Alors le
luxe vous communiquera ses richesses, alors l'industrie florissante ne laissera point de bras oisifs
et les payera bien ; vos enfans seront enseignés aux
frais de l'État ; vous pourrez aisément vous amuser
le dimanche sans que votre famille en souffre, et
alors, mais seulement alors, vous serez parfaitement heureux.

Après la barbare destruction de la nation polo-
naise, la France offrit avec empressement asile et
protection aux infortunés débris échappés à la rage
moscovite. Leur arrivée était un jour de fête pour
chaque cité, dont les habitans se disputaient l'honneur de les héberger, et le Gouvernement partagea
la sympathie générale, en assurant à chaque réfugié
une existence proportionnée à son grade : nos cours
furent ouverts à ceux qui désirèrent s'adonner à
l'étude. La société leur ouvrit ses portes et tous
les bons Français cherchèrent à semer de fleurs
les jours de leur exil. Il n'a tenu qu'à eux d'être
totalement incorporés dans la grande famille, et
nous aurions eu dix mille Français de plus ; mais
la politique de la Sainte-Aliance veillait sur eux.

Alarmé de l'enthousiasme que la présence des Polonais excitait dans la France de juillet, l'Autocrate employa tous les moyens de la diplomatie occulte pour rompre une union qu'il regardait déjà comme dangereuse. Des agens bien payés vinrent bouleverser la tranquillité des exilés; on stimula leur patriotisme en leur présentant la restauration de la Pologne comme facile, au moyen d'une insurrection générale en Allemagne. De là, leur fatale expédition en Suisse; on leur insinua que le cabinet des Tuileries aurait pu les sauver s'il avait voulu; on sema parmi ces braves des brandons de discorde et d'insurrection, et bientôt on en vit une partie s'identifier aux projets du républicanisme. Leur exaltation généreuse les rend propres à servir tous les partis qui arborent l'étendard de la liberté, et nous venons de voir de quelle manière ils ont été lancés et sacrifiés dans l'intempestive expédition de Savoie, aussi mal concertée que mal exécutée, et dont le résultat était prévu par tout le monde.

Nous conseillerons donc à tous les nobles débris des libertés étrangères, réfugiés en France, de se méfier de tous ceux qui les exciteront à l'insubordination, et de ne point chercher à porter le désordre au sein du pays qui leur offre une amicale hospitalité; qu'ils respectent nos institutions et se soumettent à nos lois, ni plus, ni moins qu'un Français; qu'ils comprennent bien surtout que toute tentative inopportune d'insurrection les éloigne du

moment de la régénération de leur pays, en éveillant
sans cesse la sollicitude de leurs tyrans, et en amor-
tissant l'intérêt que leur portent les autres nations.
L'exemple des Espagnols est fait pour leur rendre
l'espérance. Pendant plus de dix ans, ils ont mangé
le pain de l'exil trempé de leurs larmes, et, par une
heureuse révolution, ils rentrent aujourd'hui avec
honneur au sein de leur patrie, qui a salué l'aurore
de la liberté.

DE L'OPINION CONSTITUTIONNELLE.

Il est à peu près inutile de parler de ce parti,
qui, comme nous l'avons déjà dit, embrasse la
grande majorité des Français. Les masses sont jusqu'à ce jour restées neutres dans la lutte acharnée
des factions contre les agens subalternes du pouvoir,
et n'a manifesté son existence que pour ramener l'ordre quand il se trouvait fortement compromis; c'est
ainsi que nous avons toujours vu la garde nationale et
l'armée ramener la tranquillité par la persuasion,
sans faire usage de leurs armes, quoique violemment
provoquées; mais il ne faudrait pas induire de cette
longanimité, que cette puissante fraction fût dispo-
sée à subir la loi d'aucun des partis qui figurent dans
l'arène; elle est, au contraire, fortement décidée
à repousser toute innovation dans la constitution
qui nous régit, et désire vivement l'entier accomplissement des promesses de la charte de 1830. Elle

gémit sur les désordres qui viennent chaque jour éloigner le moment où le Roi pourra, sans danger, rendre à la France, heureuse et tranquille, la jouissance de tous ces droits, et donner enfin la plus forte dose de liberté qu'un peuple puisse posséder.

CONCLUSION.

Nous venons de prouver l'impossibilité d'une restauration en faveur de la branche aînée des Bourbons, à moins d'une guerre étrangère, dont les chances malheureuses pourraient amener de nouveau les cosaques sur les bords fleuris de la Seine, et nous avons vu que la barque du Prétendant ne pouvait arriver au Tuileries que sur un fleuve de sang français. L'examen des chances du système républicain, quoique plus en harmonie avec notre siècle, nous a démontré que dans la position actuelle de la France, ce régime serait impossible, sans nous plonger dans le chaos d'une complète anarchie ; qu'il opérerait en peu de temps la dissolution totale de la société, dont chaque étage s'écroulerait successivement ; qu'il allumerait les torches de la guerre civile dans vingt départemens, et finirait, au milieu de ces déchiremens intérieurs, par livrer notre patrie sans défense à l'Europe entière armée pour sa destruction. Reculons donc tous devant de si grands malheurs : quelle que soit notre opinion, sachons la sacrifier

au bonheur de notre pays; immolons courageuse-
ment nos sympathies en faveur de la cause générale, et prouvons par notre résignation, qu'avant
tout nous sommes Français.

Le trône de juillet, né de la révolution de 1830,
constitué, non par le droit divin, ni par la force
matérielle, mais par toutes les notabilités des chambres, de l'armée et de l'opinion libérale, et approuvé
par les acclamations de la France populaire, a
devant lui une route bien tracée; il ne peut en
dévier une minute sans s'exposer à la catastrophe
la plus terrible, et nous ajouterons la mieux mé-
ritée; cette route est celle de l'honneur et des libertés publiques, et c'est dans cette voie qu'il est forcé
de marcher; beaucoup d'impatiens trouvent que
son char avance trop lentement; mais n'est-ce pas
leur dangereuse précipitation qui l'oblige souvent
d'enrayer? Ne sont-ce pas leurs exigences et leurs
efforts pour le pousser sur une pente rapide et
périlleuse, qui le force non-seulement à ralentir sa
marche, mais encore quelquefois à rétrograder.

Le trône de Louis-Philippe et l'arbre de la liberté
sont inhérens l'un à l'autre; ils doivent croître et
grandir ensemble; la douce influence d'une pro-
fonde tranquillité, la parfaite union de tous les
Français peuvent seuls conduire à maturité les fruits
que cet arbre doit porter. Malheur à ceux qui voudraient enlever ces fruits précieux avant l'époque
de la récolte, la mort de l'arbre sacré serait la suite

de cette audacieuse tentative ; vous en voyez chaque jour des exemples : sans les émeutes continuelles qui troublent la paix de nos cités , aurions-nous vu paraître ces lois d'exception , ces mesures préventives , contre lesquelles se déchaîne sans cesse la presse ultralibérale ? Sans les massacres de la Vendée et les violences à main armée du parti légitimiste , aurions-nous eu l'état de siége , les visites domiciliaires, les garnisons arbitraires , motif des accusations les plus virulentes des feuilles absolutistes ? Enfin , sans le dévergondage obscène de certains libelles, les attaques réitérées de certains journaux, l'indécence des publications , aurions-nous à gémir sur les innombrables procès de la presse , et le Pouvoir en serait-il réduit à demander des lois contre les associations et les crieurs publics ? Non, Messieurs , le Ministère qui se serait permis de telles mesures sans provocation , aurait rencontré une opposition compacte dans les chambres , et serait tombé au même instant.

La position de la France est pénible sans être dangereuse ; tout bon citoyen gémit en voyant la patrie agitée par une minorité factieuse et turbulente , contre laquelle on ne voudrait pas sévir. Lyon , la seconde ville du royaume , qui jadis préféra s'ensevelir sous ses ruines, que de ployer devant les sans-culottes , voit aujourd'hui son commerce paralysé, ses habitans épouvantés, par les menaces d'une poignée de gens sans aveu , payés pour faire

primer les fabriques étrangères , au détriment de
la reine de l'industrie ; il en est de même à Saint-
Étienne où le sang des agens du pouvoir a rougi
les pavés ; chaque ville a sa petite troupe d'émeu-
tiers , régulièrement soldés , toujours prêts à faire
irruption sur la place publique au premier signal
des factions. Cet état d'irritation pousse à bout la
patience de l'armée, décourage les autorités , et
empêche le Gouvernement de suivre la voie des
progrès dans laquelle nous marchions depuis 1830;
c'est cette terreur morale qui fait ajourner l'élar-
gissement des bases de la loi électorale ; c'est elle
qui maintient en exil la famille du grand homme
dont la reconnaissance nationale vient de replacer
la statue sur la colonne ; c'est elle qui recule indé-
finiment l'époque d'une amnistie générale pour tous
les délits politiques ; c'est elle enfin qui fait tout le
mal dont nous nous plaignons , et s'oppose aux
améliorations que nous désirons.

Cessez donc, Français de toutes les opinions, de
troubler la paix de la grande famille ; cessez d'exposer chaque jour, dans de stériles démonstrations,
un sang cher à la patrie ; repoussez toutes les insinuations qui provoqueraient à l'insurrection, n'écou-
tez que la voix de votre conscience, et bientôt
l'ordre renaîtra dans nos cités; la tranquillité ramènera l'aisance parmi la population ouvrière en
lui offrant un travail abondant, source de prospérité que le désordre tarit au moindre mouvement;

une jeunesse studieuse se formera par l'expérience et le travail et viendra bientôt avantageusement remplacer la génération présente à l'administration du pays. Le Roi des Français, délivré des entraves dont les factions l'ont enlacé jusqu'à ce jour, pourra laisser voguer le vaisseau de l'État et déployer la plus large voile des libertés. Alors, nous serons assurés d'une paix honorable et solide, parce que les peuples, témoins de notre bonheur, forceront tôt ou tard leurs souverains à marcher dans la même voie; le désarmement général, objet de tant de vœux, si souvent promis et jamais effectué, s'opérera sur tous les points sans difficulté. Il est certain que les puissances maintiennent leurs masses armées, les unes par crainte d'une propagande révolutionnaire qui s'agite en France et menace d'envahir l'Europe; les autres dans l'espérance que nos divisions intestines finiront par offrir une proie facile au régime absolutiste : la France, rendue au calme et à la confiance, ferait tomber à la fois ces craintes et ces espérances, et l'Europe se libérerait du poids de deux millions de soldats dont l'entretien ruineux écrase tous les gouvernemens sans exception : alors la moitié de notre vaillante armée, qui s'indigne aujourd'hui de son inaction, rentrera dans ses foyers, et viendra rendre à l'agriculture l'activité et l'abondance; ce n'est qu'à ce moment que notre énorme budget pourra voir diminuer de moitié son excessif embonpoint; c'est à cette époque que des économies justement réparties sur toutes les branches du service général, permettront de supprimer l'impôt du sel, si onéreux pour le pauvre, et d'alléger considérablement la taxe des boissons, généralement réprouvée dans les départemens vignicoles.

Alors enfin, pourra commencer pour la France une ère d'aisance et de bonheur; mais je ne saurais trop le répéter, le calme et la tranquillité sont les bases de cette heureuse situation, et nous ne pouvons en jouir que par l'union de tous les Français et la fusion insensible de tous les partis, dans celui de l'intérêt général de notre patrie. C'est surtout dans les élections à tous les degrés, qui vont avoir lieu, que se montreront dans tout leur jour la sagesse et la modération du peuple français; appelé en masse pour les nominations de la garde nationale, en grande partie pour celle des municipalités et conseils de toutes les classes, et enfin, en moindre nombre pour élire les députés, c'est le moment de montrer à l'Europe, qui a les yeux sur nous, que la France est unie et par conséquent invincible.

FIN.

124